OPERA OMNIA

Juan Esquivel de Barahona
(c. 1560 – c. 1624)

III
MISSA AVE VIRGO SANCTISIMA
Edición de 1608

La *Biblioteca de Musicología* recoge estudios innovadores en el ámbito de la musicología histórica y sistemática, con vocación transversal y orientados hacia el análisis interdisciplinar de las distintas realidades musicales que conforman el patrimonio histórico y contemporáneo musical tanto material como inmaterial.

Opera Omnia

Juan Esquivel de Barahona
(c. 1560 – c. 1624)

III
Missa Ave Virgo Sanctisima
Edición de 1608

Francisco Rodilla León
(estudio y edición)

Dykinson, S.L.

Este libro ha sido evaluado por parte de nuestro Consejo Editorial
y sometido a evaluación por pares ciegos.
Para mayor información, véase *www.dykinson.com/quienes_somos*

Edición financiada gracias a la Ayuda para la realización de Actividades de Investigación y Desarrollo tecnológico a Grupos de Investigación GR21160, concedida por la Consejería de Economía, Ciencia y Agenda Digital de la Junta de Extremadura y el Fondo Europeo de Desarrollo Regional, Una manera de hacer Europa, de la Unión Europea, en colaboración con el Centro de Estudios Mirobrigenses.

Editorial DYKINSON, S.L. Meléndez Valdés, 61 - 28015 Madrid
Teléfono (+34) 91 544 28 46 - (+34) 91 544 28 69
e-mail: info@dykinson.com
http://www.dykinson.es
http://www.dykinson.com

ISBN: 978-84-1122-785-8

Depósito Legal: M-27684-2024

Preimpresión por:
Besing Servicios Gráficos S.L.
e-mail: besingsg@gmail.com

Índice

Introducción

Hasta hace apenas unas décadas no se tenía una información completa sobre una buena parte de nuestra música de la segunda mitad del siglo XVI y principios del XVII, excepto en lo tocante a las conocidas biografías, estilo y producción musical del llamado "trío de oro" de nuestros polifonistas: Cristóbal de Morales, Francisco Guerrero y, sobre todo, Tomás Luis de Victoria. No cabe duda de que el interés hacia estos compositores ha tenido que ver, aparte de por su indudable talento y mérito artístico, por la gran difusión que tuvieron sus obras a través de las numerosas ediciones que llegaron a casi toda la Europa de la época. En nuestra opinión, esta circunstancia ha tenido que ver en gran parte con el eclipsamiento al que han estado sometidos otros maestros, algunos contemporáneos y otros más tardíos, que, o bien no llegaron nunca a salir de nuestras fronteras -con las limitaciones artísticas y profesionales que esto podía suponer-, o bien no pudieron llevar sus obras a imprenta, quedándose las mismas, en la mayoría de los casos, en simples copias manuscritas. Y es que solo algunos de estos maestros, los que tuvieron una cierta relación de proximidad geográfica con algunos centros culturales y políticos o dispusieron de algún tipo de patrocinio, pudieron hacer uso de la imprenta musical de algunas ciudades de España en estos siglos: Madrid, Sevilla, o Salamanca, por citar tres de las más importantes. Ciertamente, fue en esta última ciudad donde, a principios del siglo XVII, dos de los maestros más relevantes del momento, Sebastián de Vivanco o Juan Esquivel de Barahona, se sirvieron de los talleres de Artur Taberniel o Francisco de Cea Tesa para imprimir algunos de sus libros. En el caso que nos ocupa, el de Esquivel, pudieron ser 3 -o mejor, 4, si tenemos en cuenta su libro perdido de 1623- los libros de canto de órgano que llevó a imprenta para su uso en los oficios religiosos de las catedrales u otros centros religiosos.

De este maestro y de buena parte de su producción musical nos venimos ocupando desde hace algunos años con la idea de valorar en su justa medida su aportación musical en el contexto de la música del Renacimiento tardío.

En 2005, año en el que iniciamos nuestras publicaciones sobre la obra del maestro de Ciudad Rodrigo, en concreto, el estudio y la edición completa de los motetes de su colección de 1608, no solo no hemos cesado en proporcionar información de interés sobre aspectos desconocidos de la vida del compositor, sino que también seguimos en el empeño de dar a conocer su *Opera Omnia*, de la que hasta ahora se han editado dos volúmenes que contienen tanto el estudio previo de las obras en cuestión, como su versión musical en transcripción moderna[1].

---

[1]   La dedicación a la vida y obra de Esquivel se inicia con la defensa de nuestra tesis doctoral «Estudio, transcripción e interpretación de los motetes de Juan Esquivel de Barahona (c. 1560- c. 1624)», Universidad de Salamanca, 2004, tesis que mereció el Premio Extraordinario de Doctorado en la Universidad de Salamanca. Aparte de este trabajo académico, hemos realizado las siguientes aportaciones hasta el momento: RODILLA LEÓN, Francisco: «La música del polifonista Juan Esquivel de Barahona conservada en los archivos de las catedrales extremeñas». En *Ars Sacra: Revista de patrimonio cultural, archivos, artes plásticas, arquitectura, museos y música*, 26-27, 2003, pp. 182-184; ____: «Nuevos datos sobre la capilla musical de la catedral de Calahorra a finales del siglo XVI. El magisterio de Juan Esquivel de Barahona (1585-1591)», en *Nassarre-Revista Aragonesa de Musicología*, Volumen: 26-27, 2004, pp. 403-430; ____: *El libro de motetes de 1608 de Juan Esquivel de Barahona (c. 1560 – c. 1624): Estudio y transcripción*, Centro de Estudios Mirobrigenses - Ayuntamiento de Ciudad Rodrigo, 2005; ____: «Estudio, transcripción e interpretación de los motetes de Juan Esquivel de Barahona (c. 1560- c. 1624)», en *Revista de Musicología*, Vol.: 28, nº 2, 2005, pp. 1541-1562; ____: «Dos libros de polifonía de Juan Esquivel de Barahona: *Missarum Ioannis Esquivelis...* (1608) y [...] *Psalmorum, Hymnorum, Magnificarum...* (1613)», en *Estudios Mirobrigenses* (CECEL-CSIC), Vol.: 2, 2008, pp. 163-176; ____: «Juan Esquivel de Barahona», en Diccionario Biográfico Español. Tomo XVII, Real Academia de la Historia, Madrid, 2011, pp. 810-814; ____: *Medio siglo de esplendor musical en la catedral de Ciudad Rodrigo (1574-1624). Los maestros de capilla Juan Navarro, Alonso de Tejeda y Juan Esquivel*. Centro de Estudios Mirobrigenses-Ayto. de Ciudad Rodrigo (Salamanca). Ciudad Rodrigo, 2012; ____: *Opera Omnia. Juan Esquivel de Barahona (c. 1560 – c. 1624). I. Officium Defunctorum. Edición de 1613*. Ediciones críticas, Editorial Alpuerto, Madrid, 2018; *Opera Omnia. Juan Esquivel de Barahona (c. 1560 – c. 1624). II. Motetes y Missa de Beata Virgine. Edición de 1613*. Ediciones críticas, Editorial Alpuerto, Madrid, 2021; ____: «Prácticas musicales en torno a la muerte en la catedral de Ciudad Rodrigo. La fundación piadosa del maestro de capilla Juan Esquivel de Barahona», en *Estudios Mirobrigenses (CECEL-CSIC)*, Vol.: 8, Centro de Estudios Mirobrigenses, 2021, pp. 125-150.

Parte I.
Estudio

1. La edición del *Missarum... Liber primus* de 1608

Esta primera colección de misas del compositor Juan Esquivel de Barahona figura en RISM con la referencia A/I/2, E-825: *MISSARVM / IOANNIS ESQVIVELIS IN ALMA / ECCLESIA CIVITATENSI / PORTIONARII, ET CANTORVM PRAEFECTI, LIBER PRIMVS. / SVPERIORVM PERMISSV. / SALMANTICAE, / Ex Officina Typographica Arti Taberniel Antuerpaini / Anno Christo Nato M. DC. VIII.* La primera información sobre este volumen impreso fue facilitada por Albert Geiger a finales de la segunda década del siglo pasado, quien, además de ocuparse en analizar el contenido de la edición, transcribió parcialmente algunos fragmentos de sus misas[2]. El libro que manejó el musicólogo alemán estaba completo y constaba de 253 páginas de música. Aparte, había dos páginas sin numerar: una, al comienzo, en la que figuraba una portada con el título en la parte superior, la referencia de impresión (talleres y año de edición) y, en el centro, un grabado con la figura del compositor arrodillado ante un altar con un cuadro de la Virgen que sostiene en sus brazos al Niño, como se puede ver en la siguiente ilustración:

---

[2]   GEIGER, Albert: "Juan Esquivel. Ein unbekannter spanischer Meister des 16. Jahrhunderts", en *Festschrift zum 50. Geburtstag Adolf Sandberger,* Ferdinand Zierfuss, Munich, 1918, pp. 138-169.

Figura 1: Portada de la edición *Missarum Ioannis Esquivelis... Liber primus*,
Artus Taberniel, Salamanca, 1608

En una segunda página sin numerar, el reverso de la 253, figuraba el colofón:

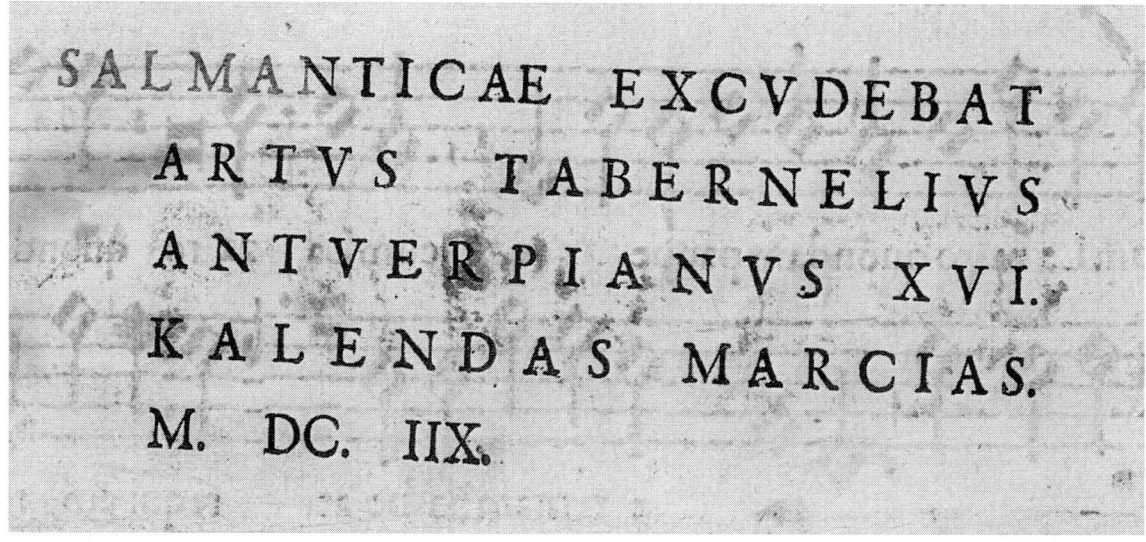

Figura 2: Colofón de la edición *Missarum... Liber primus,*
Artus Taberniel, Salamanca, 1608

En la primera página numerada se hallaba el índice con dos viñetas ornamentadas con motivos vegetales, en cuyo centro se halla el monograma IHS con la cruz y los tres clavos y una escena de la Anunciación, respectivamente.

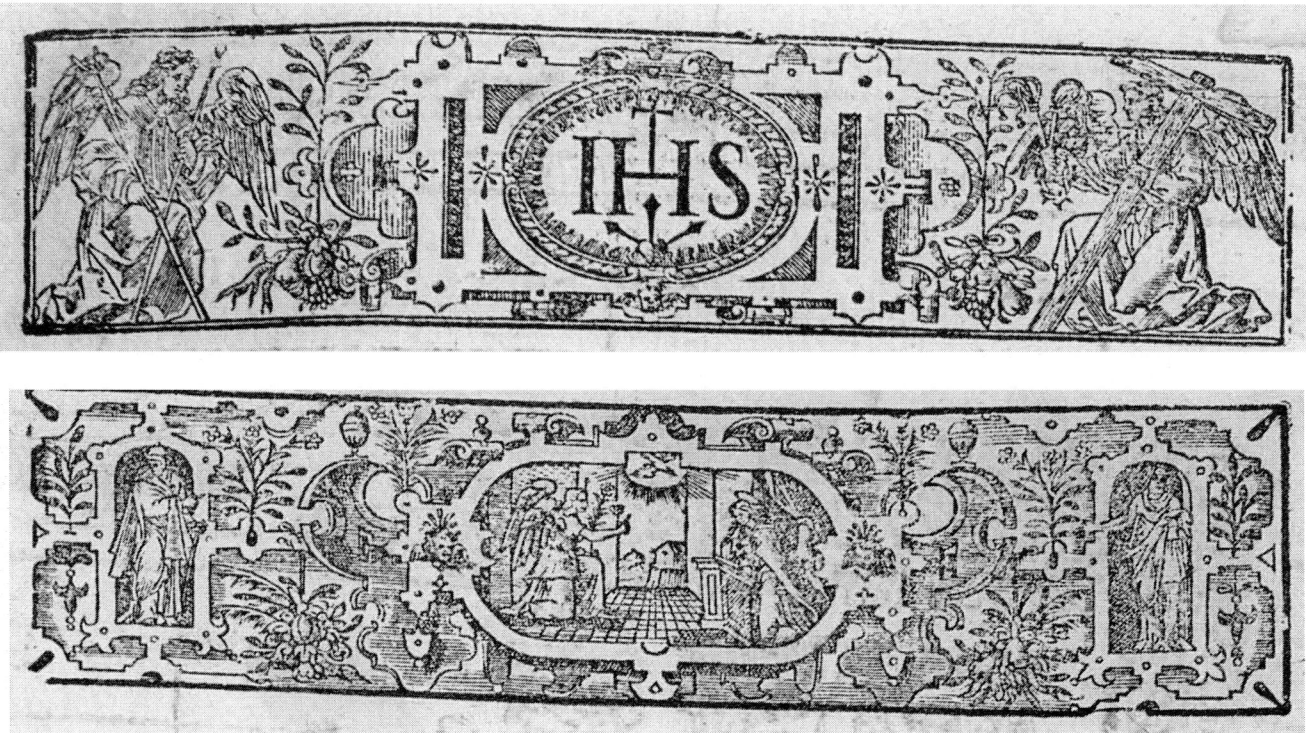

Figura 3 y 4: Detalle de las viñetas ornamentadas del índice del *Missarum...*
Liber primus, Artus Taberniel, Salamanca, 1608

En el mismo centro de la página se encontraba el índice con el contenido de la edición: título, número de voces y páginas de las obras. En primer lugar, un *Asperges me*, a 4 voces (pp. 2-5). A continuación, las misas: *Missa ad Modulum Ave Virgo Sanctissima*, a 5 voces, (pp. 6-53); *Missa Batalla*, a 6 (pp. 54-103); *Missa Ut re mi fa sol la*, a 8 (pp. 104-151); *Missa ad Modulum Ductus est Iesus*, a 4 (pp. 152-187); *Missa ad Modulum Gloriose Confessor Domini*, a 4 (188-215); y *Missa pro Defunctis*, a 5 (pp. 216-248). Se cerraba la colección con un motete *Pro Defunctis*, que lleva por título *In Paradisum*, a 6 (pp. 248- 253)[3]:

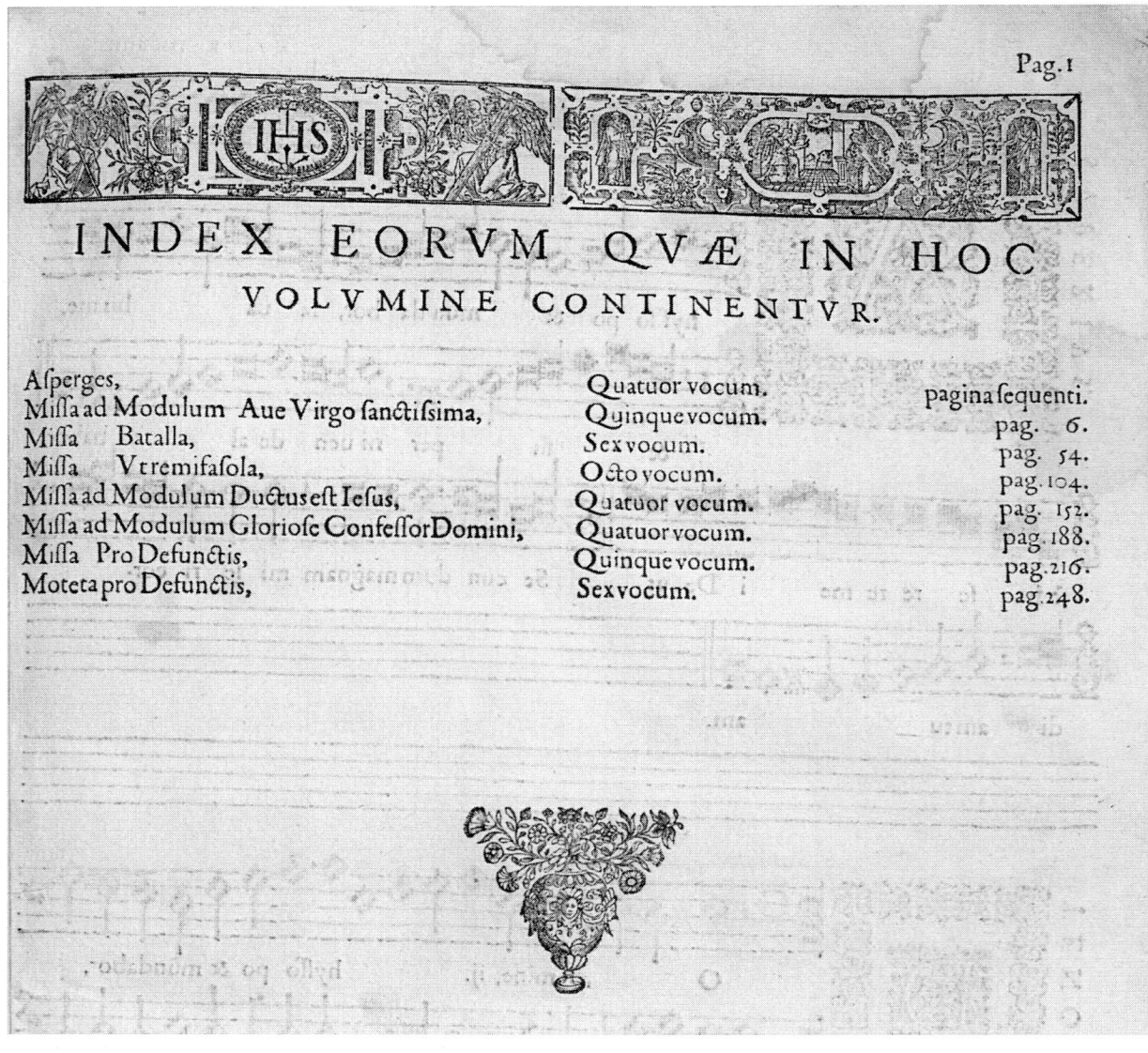

Figura 5: Índice de la edición *Missarum Ioannis Esquivelis... Liber primus*,
Artus Taberniel, Salamanca, 1608

---

[3]   Este motete se halla también en la colección impresa de motetes del compositor de Ciudad Rodrigo editada meses después en la misma imprenta salmantina: [*Motecta festorum et dominicarum cum communi sanctorum IV, V, VI, et VIII vocibus concinenda*]. Ha sido además publicado en edición moderna en RODILLA LEÓN, Francisco: *El libro de motetes de 1608 ..., op. cit.*, pp. 543-548.

En cuanto a la posible dedicatoria a algún patrono, nada se puede confirmar al respecto a no ser por la sugerente hipótesis que planteó el musicólogo norteamericano Robert Snow. Para este investigador el volumen bien pudiera haber sido dedicado a la Virgen[4]. Lo confirmaría el detalle de la parte izquierda del grabado de la portada, donde se puede ver un cuadro de la Virgen con el Niño con la siguiente leyenda: *Sancta et Immaculata Virginitas, quibus te laudibus [r]eferam nescio* (trad.: Santa Virginidad inmaculada, no sé con qué alabanzas exaltarte)[5].

Figura 6: Detalle de la portada *Missarum Ioannis Esquivelis... Liber primus,*
Artus Taberniel, Salamanca, 1608

Una copia de este impreso se guarda en la actualidad en el archivo musical de la catedral de Badajoz. El libro presenta algunas lagunas: carece de portada y de índice y le faltan las páginas correspondientes a dos de las misas, de la 55 a la 90, con fragmentos perdidos de la *Missa Batalla* correspondientes al *Kyrie, Gloria* y la mayor parte del *Credo* (solo conserva el fragmento *in*

---

    [4]   SNOW, Robert J.: *The 1613 Print of Juan Esquivel de Barahona,* Detroit, Detroit Monographs in Musicology, 1978. Solo conocemos la dedicatoria del tercer libro de Esquivel, su gran volumen de 1613, dedicado al fraile dominico Pedro Ponce de León, obispo de Ciudad Rodrigo entre 1605 y 1610. Sobre este obispo, véase VV. AA.: *Episcopologio Civitatense. Historia de los Obispos de Ciudad Rodrigo (1168-2009),* Centro de Estudios Mirobrigenses, Salamanca, 2010, pp. 233-235. En cuanto a la dedicatoria, fue proporcionada por primera vez en versión traducida del latín por PEDRELL, Felipe: *Diccionario biográfico y bibliográfico de músicos españoles, A-G,* Barcelona, 1894-1897, pp. 593-596. Una reproducción facsímil se facilita también en SNOW, Robert J.: *Op. cit.,* p. 14.

    [5]   El texto procede del sexto responsorio de maitines de Navidad, aunque también se utilizaba en ciertas fiestas de la Virgen, como la Anunciación o la Natividad. Véase PASCHER, J.: *El año litúrgico,* BAC, Madrid, 1965. Este mismo texto sirvió de base para algunos compositores españoles anteriores a Esquivel, Cristóbal de Morales, con su motete homónimo, o Guerrero, con su misa del mismo nombre.

remisionem peccatorum de las voces de *Superius II, Altus I* y *Bassus),* y de la 237
a 244, con secciones perdidas de la *Missa pro Defunctis,* en este caso, las voces
de *Superius II, Altus* y *Bassus* del *Benedictus,* el *Agnus Dei* completo y las voces
de *Superius I* y *Tenor* de la *Communio (Lux aeterna).* Está encuadernado en piel
y sus medidas son 54 x 38 cm. En la última página, sin numerar, se conserva
el colofón. Aunque algunos investigadores son de la opinión de que el libro
debió de llegar a Badajoz entre los años 1613 y 1614, después de una serie de
contactos epistolares con el maestro de Ciudad Rodrigo durante el magisterio
de Gil Fernández[6], es más que probable que lo que se negociara en aquel momento fuera la compra del tercer libro de Esquivel, su gran volumen de 1613.
Ignoramos si el libro en cuestión fue adquirido finalmente por el cabildo pa-
cense, porque las únicas ediciones de Esquivel que se conservan en la actualidad en el archivo musical de la catedral son las dos publicadas en 1608: el libro de misas, incompleto, y el de motetes, también con algunas mutilaciones[7].

Parece también que este libro, o al menos una parte de él, llegó los territorios de la Nueva España, donde se conserva en versión manuscrita una de
las misas, la *Missa Ductus est Iesus,* en el llamado Códice Valdés, conservado en
la biblioteca Héctor Rogel, del Seminario Conciliar de la ciudad de México[8].

---

[6]   SOLÍS RODRÍGUEZ, CARMELO: «El archivo musical de la Catedral de Badajoz. Una
aportación documental», en *Patrimonio Musical de Extremadura,* Fundación Xavier de Salas,
Ediciones de la Coria, Trujillo, 1993, p. 26.

[7]   A este volumen la faltan las páginas iniciales, las correspondientes a portada, posible
dedicatoria e índice. En cuanto a las que contienen música, carece de las dos primeras páginas,
en las que figuraba el motete canónico *Ave Maria,* a 6 voces, y la página inicial con las voces de
Superius y *Tenor* del siguiente motete, *Salva nos Domine,* a 4, así como las dos últimas páginas
que contienen el motete que cierra la edición, *In paradisum,* a 6 voces. Véase RODILLA LEÓN,
Francisco: *El libro de motetes..., op. cit.,* p. 40.

[8]   Agradecemos esta información actualizada al musicólogo Aurelio Tello, quien además
nos facilitó copia de la misa. La primera información que conocemos sobre este códice procede
de STEVENSON, Robert M.: *Music in Mexico. A historical survey,* Thomas Y. Crowell Company, New
York, 1952, p. 100. La descripción del códice se halla en un trabajo inmediatamente posterior:
«Sixteenth- and Seventeenth-Century Resources in Mexico», en *Fontes artis musicae,* 1955/1, pp.
12-13. Aunque en el folio 86r (para Stevenson, 87r) figura el año 1599 y este investigador da
por sentado que el libro fue copiado en este año, es seguro que debe corresponder solo al año
en que se escribió una parte del mismo, ya que consideramos poco probable que la misa de
Esquivel circulara en versión manuscrita antes de su publicación en 1608. Junto a la misa del
maestro de Ciudad Rodrigo, se hallan otras misas de Palestrina, Alonso Lobo, dos obras en len-
gua Náualt, atribuidas por algunos investigadores a Hernando Franco, y otras piezas polifónicas
de autoría desconocida. La misa de Esquivel se halla entre los folios 26v y 35r. En el encabezado
del folio 26v se halla el título, *Missa Ductus est Iesus. Quatuor Vocibus,* y en el 27r, el nombre del
compositor, *Ioannis Exquivel* [*sic*]. Las letras capitales están en tinta roja y la música es perfecta-
mente legible, coincidiendo plenamente con la versión impresa que conocemos.

Pero, como decíamos, la copia más completa de la que se tenía noticia fue la que examinó Geiger, que en 1918 se hallaba en la biblioteca del anticuario Ludwig Rosenthal, en Munich. Hasta hace relativamente poco tiempo se ignoraba su paradero y la mayor parte de los investigadores (entre los que nos incluimos) la habíamos dado por perdida, sobre todo, a partir de la información ofrecida por Snow[9]. Según este, su localización en aquel momento era desconocida y apuntaba la posibilidad de que se hubiera perdido durante la segunda guerra mundial. Sin embargo, la publicación de algunos trabajos de catalogación y su reciente registro en RISM nos ha permitido saber de su conservación en perfecto estado en la Biblioteca Jagellónica de la Universidad de Cracovia. Efectivamente, la primera noticia sobre este impreso fue dada en un trabajo de Aleksandra Patalas, donde el libro figura con la signatura E-255, núm. 603 del catálogo general[10]. Aunque no estábamos seguros, todo parecía indicar que el volumen conservado en esta biblioteca era el mismo que manejó Geiger, sobre todo, por los detalles de la descripción que él mismo realizó y por el contenido íntegro de la colección. Pero faltaba por confirmar el camino seguido por el impreso hasta llegar a esta biblioteca. Realizadas las correspondientes indagaciones y consultadas algunas fuentes, podemos reconstruir a grandes rasgos los avatares de esta copia hasta llegar a su actual destino: en algún momento entre 1918 y 1929, este volumen, junto con otros libros de la biblioteca de Rosenthal, pasaron a formar parte –seguramente mediante compra– de la biblioteca musical del Dr. Werner Wolffheim[11]. Una parte de esta biblioteca fue adquirida a través de subasta en 1929 por la *Preußische Staatsbibliothek* de Berlín, donde se conservó hasta bien entrada la segunda guerra mundial. El transcurso de la contienda obligó a los responsables de la biblioteca a trasladar en 1941 los fondos más importantes a lugares alejados de los bombardeos. En esta ocasión, fueron transportados y reubicados en diversas localizaciones de la Baja Silesia, al este de Alemania, en los territorios limítrofes con la actual Polonia, donde permanecieron hasta 1946, momento

---

[9]   SNOW, Robert. J.: *The 1613 Print of Juan Esquivel de Barahona...*, *op. cit.*, p. 93.

[10]   PATALAS, Aleksandra: *Catalogue of early music prints from the collections of the former Preußische Staatsbibliothek in Berlin, kept at the Jagiellonian Library in Cracow = Katalog starodruków muzycznych ze zbiorów byłej Pruskiej Biblioteki Państwowej w Berlinie, przechowywanych w Bibliotece Jagiellońskiej*, Musica Iagellonica, Krakow, 1999. Agradecemos al proff. Iain Fenlon la referencia a este trabajo, que nos ha permitido indagar en el itinerario seguido por el libro de Esquivel desde la biblioteca de Rosenthal hasta su actual ubicación.

[11]   En la subasta fue registrado con el nombre de Esquivel Navarro [*sic*], Juan de., ref. 1769. Véase *Versteigerung der Musikbibliothek des Herrn Dr. Werner Wolffheim. II. Teil*, Breslauer & Leo Liepmannssohn, Berlín, 1929. En algunas páginas de esta copia se puede observar el sello de la *Preußische Staatsbibliothek*, como muestra de su paso por esta biblioteca.

Agradecemos al Dr. Roland Schmidt-Hensel, de la Staatsbibliothek de Berlín, la referencia a esta publicación.

en que definitivamente fueron llevados a la biblioteca de la Universidad de Cracovia[12].

Y ciertamente, se trata de la única copia que se conserva íntegra, tal y como la describió Geiger: consta efectivamente de 253 páginas y no presenta ninguna laguna, lo que ha permitido el estudio y la transcripción completa de todas las misas, incluidas la *Missa Batalla* y la *Missa pro Defunctis,* ambas incompletas en el libro conservado en Badajoz, como se ha señalado.

---

[12]   El camino seguido por estos fondos se halla descrito en RZEPKA, Anna; SOSNOWSKY, Roman; TYLUS, Piotr: *Historia kolekcji rękopisów romańskich z byłej Pruskiej Biblioteki Państwowej w Berlinie, przechowywanych w Bibliotece Jagiellońskiej w Krakowie-studium ogólne = The history of the collection of romance manuscripts from the former Preussische Staatsbibliothek zu Berlin, kept at the Jagiellonîan Library in Kraków-the overall study,* Cracoviae Faculty of Philology, Jagiellonian University of Kraców = Wydzial Filologiczny Uniwersytetu Jagiellońskiego w Krakowie, 2011. Según estos investigadores, en 1941, con los primeros bombardeos sobre Berlín, se consideró oportuno trasladar las más valiosas colecciones de la *Preußische Staatsbibliothek* hasta algunos castillos, monasterios o grutas alejados de las zonas de peligro. Un total de 41 convoyes llevaron estos fondos en un primer momento al castillo de Fürstenstein (hoy llamado Książ), para trasportarlos luego, en 1943, a la abadía benedictina de Grüssau (hoy llamada Krzeszów). Finalizada la guerra, y en virtud de la Conferencia de Postdam, en 1945, por la que, entre otros acuerdos, se reajustaban las fronteras entre Polonia y Alemania, los territorios donde se encontraba esta abadía pasaron a formar parte de Polonia. Según una ordenanza del Ministerio de Educación polaco, los fondos finalmente fueron trasladados en 1946 a la Biblioteca Jagellónica de la Universidad de Cracovia, donde permanecen en la actualidad.

Agradecemos a la directora de la Sección de Música de esta biblioteca, Małgorzata Krzos, la información proporcionada sobre el libro de Esquivel conservado en su biblioteca.

2. Las misas de la colección de 1608

Ya señalábamos en otro lugar que el maestro de Ciudad Rodrigo fue un profundo conocedor de la tradición polifónica, tanto española como europea –fundamentalmente Josquin y Palestrina–, en aquella ocasión, en lo referente al repertorio dedicado a la Virgen[13]. Ciertamente, por su responsabilidad como maestro de capilla en las tres catedrales donde desarrolló su labor, las de Oviedo, Calahorra y Ciudad Rodrigo, sabemos que examinó y estudió para la interpretación por parte de su capilla tanto los libros de canto de órgano de polifonistas anteriores a él, aquellos que ya se habían recibido en las respectivas catedrales, como otros de nueva publicación sobre los que debía dar informe al cabildo para su posible adquisición.

Entre los compositores cuya obra merece ser destacada por su influencia de Esquivel, sobre todo por sus fuertes conexiones con esta edición que nos ocupa, se encuentra Francisco Guerrero. Y es que una parte importante de las misas contenidas en esta edición toma sus materiales temáticos de algunos de sus motetes. En primer lugar, las misas parodia o *Ad modulum* que tienen por título *Ave Virgo Sanctissima, Ductus est Iesus* y *Gloriose Confessor Domini*, basadas las tres en los motetes homónimos que el maestro sevillano ya venía publicando en sucesivas ediciones a partir de la década de los sesenta del siglo XVI[14].

---

[13] RODILLA LEÓN, Francisco (estudio y edición): *Opera omnia. Juan Esquivel de Barahona (c. 1560 - c. 1624); I. Motetes y Missa de Beata Virgine. Edición de 1613...*, op. cit., pp. 12-13.

[14] Estos motetes fueron publicados en 1570: *Motteta Francisci Guerreri in Hispalensi Ecclesia musicorum praefecti que partim quaternis, partim quinis, alia senis, alia octonis concinuntur vocibus*, Venecia, Antonio Gardano, 1570, aunque el tercero de ellos fue editado por primera vez en su *Liber primus missarum Francisco Guerrero hispalensi Odei phonasco authore. Pariis, ex typographia Nicolai du Chemin*, 1566. Los tres motetes fueron reeditados en la edición de 1597: *Cantus Motecta Francisci Guerreri in Hispalensi Ecclesia musicorum praefecti, quae partim quaternis, partim quinis, alia senis, alia octonis et duodenis concinuntur vocibus*, Giacomo Vincenti, Venecia, 1597. Esquivel utiliza la expresión *ad modulum* como equivalente al término «parodia». Otros compositores titula-

Bien diferente es el caso de la *Missa Batalla,* cuyos temas proceden de la conocida *chanson* de Clément Janequin *La Guerre*[15]. Aunque, este caso, Esquivel también pudo conocer otras misas del ámbito hispánico también basadas en la misma *chanson,* como la de Francisco Guerrero, publicada en 1582, con su *Missa della Batalla Escoutez*[16], a 5 voces, o la de Tomás Luis Victoria en 1600, con su *Missa pro Victoria*[17], a 9 voces.

Para la *Missa Ut re mi fa sol la* Esquivel contaba con la referencia de otros dos compositores españoles, Cristóbal de Morales o Ginés de Boluda, o más probablemente, con la del mismo Palestrina[18]; todos ellos utilizaron la estructura melódica del hexacordo natural como base para la composición de sus respectivas misas homónimas.

Finalmente, para su *Missa pro Defunctis,* a 5 voces, el maestro de Ciudad Rodrigo no hizo sino seguir la tradición española en cuanto a la estructura y recursos compositivos más frecuentes para este tipo de misas, como es el caso de la que publicaría unos años más tarde, en su edición de 1613[19]. Como se

---

ron sus misas directamente con el nombre de la obra en cuestión –motete u obra profana– que sirvió como modelo, o bien hicieron uso de otras expresiones: *Missa ad imitationem..., Missa super...,* etc. A lo primero se refiere Pedro Cerone en su monumental tratado de 1613, cuando, al hablar de uno de los tipos de *Missa de Ordinario,* señala que «se suele componer sobre algún Motete, Madrigal o Canción (como dicho es) aunque sea de otros autores: y así se instituía después con las primeras palabras que canta el dicho motete, Madrigal o Canción, en esta manera: *Missa Virtute magna, Missa Vestiva i colli; Missa En espir* [...]». Véase Cerone, Pedro: *El Melopeo y Maestro,* Juan Bautista Nargano y Lucrecio Nucci, Impressores, Nápoles, 1613, p. 688.

[15]   Esta *chanson,* de amplia difusión por Europa a lo largo de todo el siglo XVI, fue publicada por primera vez en 1528: *Chansons de maistre Clemente Janequin, nouvellement et correctamente imprimeez a Paris par Pierre Attaingnant demourant a la rue de la harpe devant le bout de la rue des Mathurins pres l'eglise saint Cosme...* 1528. La obra en cuestión y las misas parodia posteriores a esta *chanson,* como es el caso de la Misa de Batalla de Morales, dieron lugar a un género propio también en el ámbito de la música instrumental, fundamentalmente en el repertorio organístico, con llamados "tientos de batalla" compuestos, entre otros por Correa de Arauxo, Aguilera de Heredia o Juan Bautista Comes.

[16]   La obra figuraba en su *Missarum liber secundus Francisci Guerreri in alma Ecclesia Hispalensi portionarii, et cantorum praefecti. Romae, ex typographia Dominici Basae,* 1582.

[17]   Esta misa fue editada en *Thomae Ludovici De Victoria. Abulensis Sacrae Caesare Maiestatis Capellani Missae, Magnificat, Motecta, Psalmi, et alia quam plurima. Quae partim Octonis, alia Nonis, alia Duodenis vocibus concinuntur.* Permissu superiorum. Matriti, ex Typographia Regia, 1600. Desgraciadamente no podemos documentar la posible entrada de este libro en la catedral de Ciudad Rodrigo, que es donde se encontraba el maestro desde 1591, por haberse perdido la mayor parte de la documentación histórica desde la década de los sesenta del siglo XVI hasta bien entrado el siguiente siglo.

[18]   *Ioannis Petraloisii Praenestini Missarvm Liber Tertivs [...] Romae Apud Haeredes Valerij, & Louisii Doricorum Fratrum. 1570.*

[19]   Esta misa se hallaba dentro de las obras *Pro defunctis* de su tercer volumen, *Ioannis Esquivel. Civitatensis, et eiusdem sanctae ecclesiae portionarii, psalmorum, hymnorum, magnificarum,*

puede observar al comparar ambas misas, toma de la tradición del canto llano los temas para su composición a canto de órgano presentándolos en ciertas partes de la misa, a saber, el *Introitus, Kyrie, Graduale, Offertorium, Sanctus, Agnus Dei* y *Communio*[20].

---

et Mariae quatuor antiphonarum de tempore, necnon et missarum Tomus secundus. Superiorum permissu, Salmanticae. Excudebat Franciscus de Cea Tesa Cordubensis, 1613. Véase su edición y estudio en RODILLA LEÓN, Francisco (estudio y edición): *Opera omnia. Juan Esquivel de Barahona (c. 1560 - c. 1624); I. Officium defunctorum. Edición de 1613..., op. cit.*

[20] En el caso de la edición de 1613 lo que Esquivel compone es un breve *Officium Defunctorum* con el título genérico *Pro Defunctis,* incluyendo, además de las partes habituales de la misa, la lección *Responde mihi,* una sección de la secuencia *Dies irae,* con el texto del *Lachrimosa,* y el responsorio *Ne recorderis,* con secciones específicas para los textos *Requiescant in pace* y *Amen.*

3. *Missa Ave Virgo Sanctissima.*
Fuentes y recursos compositivos

Como ya hemos señalado, corresponde esta misa a la primera de las misas parodia del volumen, aquellas en las que Esquivel utiliza temas de otros compositores como material para su elaboración. En este caso, los temas proceden de un motete de Francisco Guerrero, *Ave Virgo Sanctissima,* una obra muy conocida de la que ya se sirvieron otros maestros para sus composiciones, como sucede, por ejemplo, con el compositor Gery Ghersem, cuya misa sobre este mismo motete figuraba en un libro de misas de su propio maestro, Philippe Rogier, publicado en 1598[21]. En esta ocasión, la misa se halla compuesta para 7 voces, dos de las cuales realizan habitualmente un canon del tipo *Trinitas in unitate* utilizando los temas del propio motete de Guerrero[22]. Por su parte, Esquivel hace uso de unos efectivos vocales más reducidos (los mismos que los utilizados por Guerrero en el motete), 5 voces, dos *Superius, Altus, Tenor* y *Bassus,* desarrollándose habitualmente el *Superius II* a partir del *Superius I* mediante un canon *ad unisonum* con su *resolutio* explícita. El tema inicial del

---

[21]   *Missae Sex Philippi Rogerii Atrebatensis sacelli regii phonasci musicae peritissimi, & aetatis suae facile principis, ad Philippum Tertium Hispanarium Regem. Matriti ex typographia Regia, 1598,* ff. 206-248. Junto a la misa de Ghersen, publicada en último lugar, se hallaban las compuestas por Rogier: *Missa Philippus Secundus Rex Hispaniae, Missa Inclita stirps Jesse, Missa Dirige gressus meos, Missa Ego sum qui sum* y *Missa Inclina Domine aurem tuam.* Que sepamos, la *Missa Ave Virgo Sanctissima* es la única obra que sobrevive de Ghersem, ya que el resto, más de 200 obras entre motetes, lamentaciones, versiones del *Magníficat,* salmos, villancicos, etc., que se conservaban en la imponente biblioteca de Juan IV de Portugal, en Lisboa, desaparecieron durante el terremoto e incendio en 1755. Véase JOAQUIM, Manuel: *Vinte libros de musica polifónica do Paço ducal de Vila Viçosa,* Ramos, Afonso & Moita, 1953, Lisboa, 1953, pp. 24-26.

[22]   Este tipo de procedimiento canónico era bien conocido por Esquivel, aunque solo se sirvió de él para la composición del motete a seis voces *Ave Maria,* que encabezaba su colección de motetes de 1608, *Motecta festorum et dominicarum cum communi sanctorum IV, V, VI, et VIII vocibus concinenda.* La única copia impresa en la que se conserva este motete se halla en la catedral de Coria. Véase RODILLA LEÓN, Francisco: *El libro de motetes... op. cit.,* pp. 39-40.

motete de Guerrero, con el texto *Ave Virgo Sanctissima,* y caracterizado por su salto de cuarta ascendente en las voces de *Superius I, Superius II* y *Tenor,* o quinta ascendente, en las de *Altus* y *Bassus,* y el floreo posterior es como sigue:

Figura 7: Tema inicial del *Superius I* del motete *Ave Virgo Sanctissima. Liber primus missarum Francisco Guerrero...,* Nicolai du Chemin, París, 1566, f. 149v

De este modo, Esquivel se sirve de este motivo inicia para comenzar cada una de las partes de la misa, excepto el *Sanctus:* en cada una de las voces del primer *Kyrie,* en el *Gloria,* con el texto *Et in terra pax,* en el *Credo,* con el texto *Patrem omnipotentem,* en las voces de *Altus, Tenor* y *Bassus,* y en el *Agnus Dei,* en las voces de *Superius I* y *Superius II.*

Véase a continuación el comienzo del *Kyrie,* construido, al igual que el motete de Guerrero, sobre el tono II transportado*:*

Figura 8: Tema inicial del *Kyrie* en el *Superius I. Missa Ave Virgo Sanctissima. Missarum Ioannis Esquivelis... Liber primus,* Artus Taberniel, Salamanca, 1608, f. 6

El motivo descendente utilizado para el *Christe* en las cinco voces del conjunto polifónico, sin embargo, está tomado de la sección del motete de Guerrero correspondiente al texto *Margarita pretiosa*:

Figura 9: Motivo descendente en el *Superius I* con el texto *Margarita pretiosa*. Motete *Ave Virgo Sanctissima*. *Liber primus missarum Francisco Guerrero...*, Nicolai du Chemin, París, 1566, f. 150v

Véase a continuación un ejemplo de este tratamiento en la voz de *Superius I*:

Figura 10: Tema descendente del *Christe* en el *Superius I*. *Missa Ave Virgo Sanctissima*. *Missarum Ioannis Esquivelis... Liber primus*, Artus Taberniel, Salamanca, 1608, f. 8

Finalmente, el último *Kyrie* se desarrolla a partir del motivo correspondiente a la sección *Dei Mater piisima*, del motete de Guerrero:

Figura 11: Motivo descendente en el *Superius I* con el texto *Dei Mater piisima*. Motete *Ave Virgo Sanctissima*. *Liber primus missarum Francisco Guerrero...*, Nicolai du Chemin, París, 1566, f. 149v

Figura 12: Tema del último *Kyrie* en el *Superius I. Missa Ave Virgo Sanctissima. Missarum Ioannis Esquivelis... Liber primus*, Artus Taberniel, Salamanca, 1608, f. 10

Como ya señalamos, el inciso melódico inicial del motete vuelve a ser utilizado para comenzar el *Gloria*, con el texto *Et in terra pax*, mediante un movimiento de cuarta ascendente, en las voces de *Superius I, Superius II* y *Tenor*, y de quinta ascendente en *Altus* y *Bassus*. El motivo descendente del *Margarita pretiosa* es utilizado de nuevo en el *Gratias agimus tibi*:

Figura 13: Secciones del *Gloria* el *Superius I* con el texto *Et in terra pax* y *Gratias agimus tibi. Missa Ave Virgo Sanctissima. Missarum Ioannis Esquivelis... Liber primus*, Salamanca, Artus Taberniel, 1608, f. 12

La segunda parte del *Gloria* comienza solo en las voces superiores con el motivo del *Dei Mater piisima*, ya utilizado con anterioridad en el último *Kyrie*. Sin embargo, el texto utilizado por Esquivel para este motivo no es el comienzo propiamente dicho de esta segunda parte (*qui tollis peccata mundi*), sino la frase *Miserere nobis*:

Figura 14: Inciso del *Superius I* con el texto *Miserere nobis. Missa Ave Virgo Sanctissima. Missarum Ioannis Esquivelis... Liber primus*, Artus Taberniel, Salamanca, 1608, f. 18

En esta misma parte, un segundo *Miserere nobis* utiliza el motivo inicial del motete:

Figura 15: Inciso del *Superius I* con el texto *Miserere nobis. Missa Ave Virgo Sanctissima. Missarum Ioannis Esquivelis... Liber primus*, Artus Taberniel, Salamanca, 1608, f. 20

Un nuevo inciso melódico, el correspondiente al texto *Salve*[23] del motete original y repetido tres veces a diferente altura, con salto de cuarta o quinta descendentes, en su caso, sirve como material para iniciar dos nuevas secciones a lo largo del *Gloria*. La primera vez, con el texto *Unigenite*; la segunda, con *Iesu Christe*.

---

[23]   Este inciso melódico, lugar común tomado del comienzo del canto llano de la *Salve Regina,* es un motivo recurrente utilizado por buena parte de los compositores de la época y anteriores, no solo en las versiones de motetes a canto de órgano de esta misma *Salve Regina,* sino también en otros motetes en los que figura solo la palabra inicial *Salve,* tanto al comienzo del motete en cuestión como en diversas secciones del mismo donde aparece esta palabra. El propio Esquivel hace uso de él al menos en dos de sus motetes: *Salve Pater* y *Salve crux* Véase RODILLA LEÓN, Francisco: *El libro de motetes..., op. cit.,* pp. 349 y 366, respectivamente.

Figura 16: Motivos en *Superius I* con el texto *Salve*. Motete *Ave Virgo Sanctissima. Liber primus missarum Francisco Guerrero...*, Nicolai du Chemin, París, 1566, f. 149v

Figuras 17 y 18: Inciso del *Superius I* con el motivo de la *Salve. Missa Ave Virgo Sanctissima. Missarum Ioannis Esquivelis... Liber primus*, Artus Taberniel, Salamanca, 1608, ff. 14 y 22, respectivamente

En la conclusión de la primera parte del *Gloria,* con el texto *Filius Patris,* Esquivel vuelve a hacer uso del inciso descendente característico del *Margarita pretiosa* ya utilizado en el comienzo del *Christe*.

Figura 19: Motivo en el *Superius I* en el *Gloria* con el texto *Filius Patris. Missarum Ioannis Esquivelis... Liber primus*, Artus Taberniel, Salamanca, 1608, f. 16

El tema inicial del motete sirve también como material para la sección del *Qui sedes,* de nuevo con el texto *Miserere nobis,* en las voces del *Superius I, Superius II* y *Bassus.*

Figura 20: Motivo en *Bassus* en la sección *Qui sedes,* del *Gloria,* con el texto *Miserere nobis. Missarum Ioannis Esquivelis... Liber primus,* Artus Taberniel, Salamanca, 1608, f. 21

Concluye el *Gloria* con la presencia de un nuevo motivo del motete de Guerrero, en este caso, el correspondiente al texto *Nitens olens velut rosa:*

Figura 21: Inciso melódico en *Superius I* con el texto *Nitens olens velut rosa.* Motete *Ave Virgo Sanctissima. Liber primus missarum Francisco Guerrero...,* Nicolai du Chemin, París, 1566, f. 150v

El motivo en cuestión es citado casi literalmente en la sección final, iniciado por el texto *Dei Patris amen:*

Figura 22: Motivo en *Superius I* en la sección final del *Gloria,* con el texto *Dei Patris amen. Missarum Ioannis Esquivelis... Liber primus,* Artus Taberniel, Salamanca, 1608, f. 22

En el inicio del *Credo* combina Esquivel dos de los incisos melódicos utilizados en secciones anteriores. Por un lado, el que sirve como motivo inicial del motete ya citado, con los textos *Patrem omnipotentem* y *Factorem caeli* para las voces de *Altus* y *Tenor,* respectivamente, y *Et invisibilium,* para la voz del *Bassus.* Llama la atención la inclusión del accidental en el *Altus,* lo que produce un inciso por semitonos desde el do sostenido hasta el mi bemol. Por otro, un motivo que recuerda al comienzo de la *Salve,* en el primer caso, apenas esbozado en las dos voces superiores:

Figura 23: Inciso de la *Salve* del *Superius I* al comienzo del *Credo. Missa Ave Virgo Sanctissima.*
Missarum Ioannis Esquivelis... Liber primus, Artus Taberniel, Salamanca, 1608, f. 24

Y en el segundo, *más desarrollado,* con el texto *Deum verum, de Deo vero* repetido a diferente altura en las dos voces superiores:

Figura 24: Inciso de la *Salve* en el *Superius I* con los textos *Deum verum, de Deo vero. Missa Ave Virgo Sanctissima. Missarum Ioannis Esquivelis... Liber primus,* Salamanca, Artus Taberniel, 1608, f. 26

Los motivos del *Dei Mater piisima* y del *Margarita pretiosa* vuelven a estar presentes en las voces superiores al final de la primera parte del *Credo,* con los textos *Et propter nostram salutem* y *Descendit de caelis,* respectivamente:

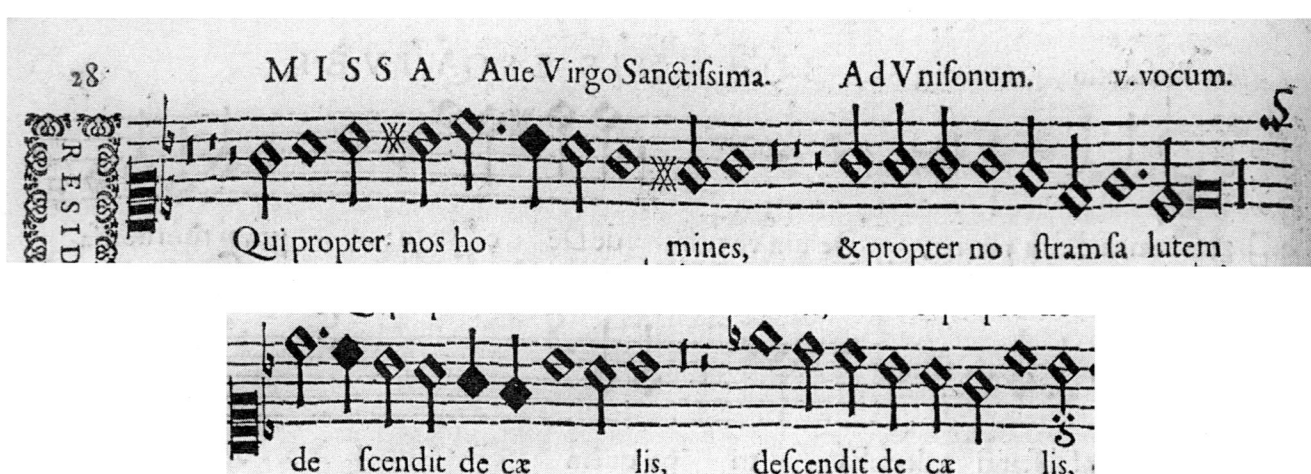

Figuras 25 y 26: Incisos en el *Superius I* con los textos *Et propter nostram salutem* y *Descendit de caelis. Missa Ave Virgo Sanctissima. Missarum Ioannis Esquivelis... Liber primus,* Artus Taberniel, Salamanca, 1608, f. 28

Un nuevo inciso del motete, hasta ahora obviado por Esquivel, figura en las voces de *Altus y Bassus*. Se trata del inciso ascendente *Maris stella* para el comienzo de la sección que se inicia con el texto *Et incarnatus:*

Figura 27: Inciso melódico en *Superius I* con el texto *Maris stella*. Motete *Ave Virgo Sanctissima*. *Liber primus missarum Francisco Guerrero...*, Nicolai du Chemin, París, 1566, f. 149v

Figura 28: Inciso en el *Bassus* con el texto *Et incarnatus*. *Missa Ave Virgo Sanctissima*. *Missarum Ioannis Esquivelis... Liber primus*, Artus Taberniel, Salamanca, 1608, f. 31

De nuevo vuelve a figurar como motivo recurrente el correspondiente a la *Salve* del motete, en esta ocasión, como comienzo de cada una de las voces del *Crucifixus*: *Superius I, Altus y Tenor*. Se trata, en todo caso, de la única parte la misa en la que no se hallan los procedimientos canónicos presentes entre las dos voces superiores, ya que recurre –excepto al comienzo– a motivos de nueva elaboración no procedentes del motete de Guerrero.

Figura 29: Inciso en el *Superius I* con el texto *Crucifixus*. *Missa Ave Virgo Sanctissima*. *Missarum Ioannis Esquivelis... Liber primus*, Artus Taberniel, Salamanca, 1608, f. 32

En la última sección del *Credo*, la que inicia con el texto *Et in Spiritum Sanctum*, se hallan presentes en las voces superiores tres de los motivos del motete. En primer lugar, el correspondiente al *Dei Mater piisima*, en esta ocasión con el texto *Et conglorificatur;* en segundo, el motivo inicial del motete, para el texto *Et unam Sanctam*; y el último, el motivo descendente del *Margarita pretio-sa* para el texto *Et expecto*:

Figuras 30, 31 y 32: Incisos en el *Superius I* con los textos *Et conglorificatur, Et unam Sanctam* y *Et expecto. Missa Ave Virgo Sanctissima. Missarum Ioannis Esquivelis... Liber primus*, Artus Taberniel, Salamanca, f. 36, 38 y 40, respectivamente

En la sección del *Confiteor unum baptisma* llama la atención el choque del intervalo de sexta aumentada que se produce en la cláusula entre las voces *Superius I* y *Bassus* (c. 34), relativamente frecuente en otras obras de Esquivel, sobre todo en sus motetes[24].

Finalmente, son las voces de *Altus* y *Basssus* las que en esta ocasión reto-man el motivo del *Margarita pretiosa*, para su comienzo de esta última parte del *Credo* con el texto *Sanctum Dominum*. Véase a continuación el inciso en la voz del *Bassus*:

---

[24]   Véanse sus motetes *Ave Regina caelorum* (c. 71), de la colección de 1613, o los motetes *O beatum pontificem* (cc. 29-30), *Emendemus in melius* (cc. 16 y 23), *Erat Iesus* (c. 19), *In illo tempore (dicebat)* (cc. 48-49 y 52), *Sub tuum praesidium* (c. 75) y *In illo tempore (loquente)* (c. 12), de la colec-ción de 1608.

Figura 33: Inciso en el *Bassus* con el texto *Sanctum Dominum. Missa Ave Virgo Sanctissima. Missarum Ioannis Esquivelis... Liber primus*, Artus Taberniel, Salamanca, 1608, f. 37

Para la elaboración del *Amen* final recurre Esquivel de nuevo a este último motivo descendente del *Margarita pretiosa*, aunque, en este caso, es desarrollado por cada una de las voces imitándose entre sí:

Ejemplo 1: Fragmento del *Credo* con el *Amen* en estilo imitativo. *Missa Ave Virgo Sanctissima*. Juan Esquivel de Barahona, cc. 55-59

El *Sanctus* se inicia con un doble motivo en las voces del conjunto polifónico. Por un lado, el de la *Salve* del motete, expuesto en las voces de *Superius I, Superius II* y *Tenor*, mientras que para las voces de *Altus* y *Bassus* Esquivel recurre al inciso ascendente del *Maris stella*:

Ejemplo 2: Inicio del *Sanctus* con doble tema. *Missa Ave Virgo Sanctissima.*
Juan Esquivel de Barahona, cc. 1-8

Llama la atención la omisión de una sección con música para el texto *Pleni sunt caeli,* pasando directamente desde el *Dominus Deus Sabaoth* al *Ossanna in exelsis.*

Ciertamente, es de nuevo el inciso del *Maris stella* el que sirve como material temático para el inicio de la siguiente sección, el *Ossanna in excelsis,* en estilo imitativo en cada una de las voces y, en este caso, en compás perfecto:

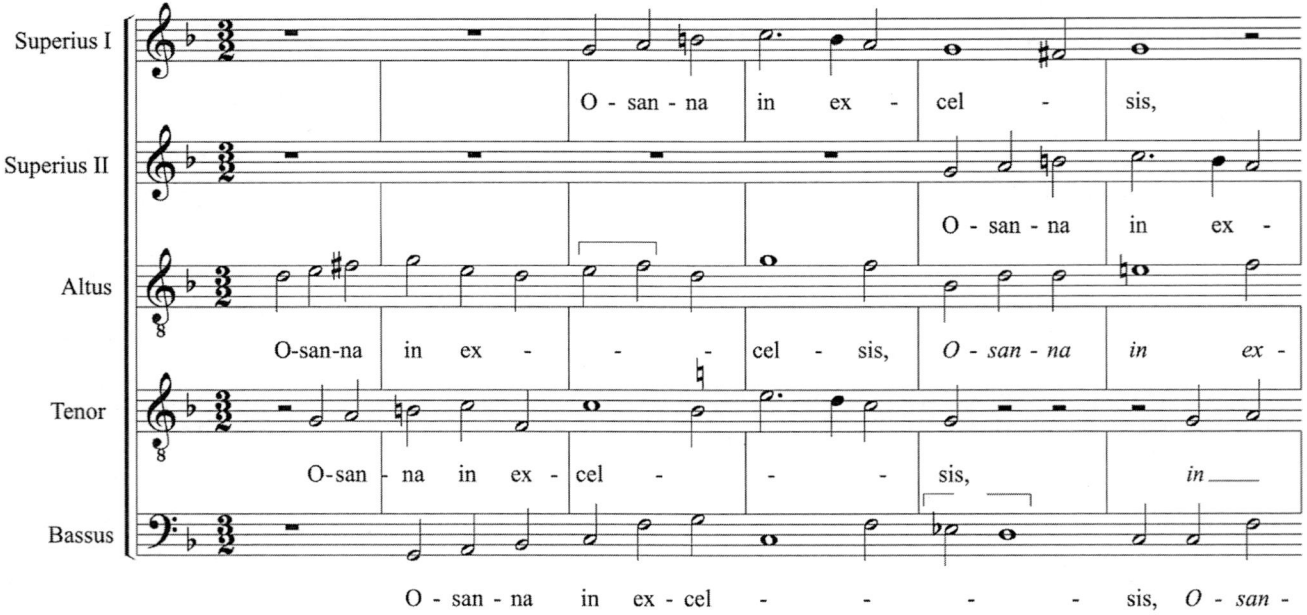

Ejemplo 3: Inicio del *Ossanna. Missa Ave Virgo Sanctissima.*
Juan Esquivel de Barahona, cc. 1-6

En el primer *Agnus Dei* Esquivel dos son los motivos que articulan la sección. En primer lugar, el de la *Salve*, en las voces de *Altus I, Tenor* y *Bassus*. Por su parte, en el inicio de la segunda sección, el correspondiente al texto *Qui tollis peccata mundi*, se halla presente de nuevo el motivo inicial, expuesto por primera vez en las voces de *Superius I* seguida del *Superius II* como viene siendo habitual, en forma de canon *ad unisonum*.

En el segundo *Agnus Dei* se aumentan los efectivos vocales al añadirse una voz más, en este caso, un *Altus II.* Un nuevo recurso compositivo aparece en esta última parte de la misa, la politextualidad, asignando al *Superius I* un doble *cantus firmus ostinato* separado a distancia de cuarta inferior[25], mientras que el resto del conjunto polifónico se desarrolla en estilo imitativo a partir de la combinación de dos motivos: por un lado el del *Ave Virgo*, desarrollado en la voz de *Altus I*, y, apenas iniciado, en las de *Altus II* y *Tenor*, y, por otro, el descendente del *Margarita pretiosa*, en las de *Superius II* y *Bassus*.

Figura 34: *Cantus firmus ostinato* en *Superius* con el texto *Ave Virgo Sanctissima. Missa Ave Virgo Sanctissima. Missarum Ioannis Esquivelis... Liber primus*, Artus Taberniel, Salamanca, 1608, f. 52

---

[25] Este recurso ya formaba parte de una tradición compositiva que se remonta a las obras de Josquin, en el caso de los compositores extranjeros, o, entre los españoles, a las de Morales, Guerrero o Tejeda, quienes también lo utilizaron con relativa frecuencia. En su siguiente colección, la de motetes, publicada apenas unos meses después, llega a hacer uso del mismo en varios de sus motetes: *Tu es pastor, Veni Domine* e *In paradisum* (editado este último también como cierre a esta misma colección de misas). Véase RODILLA LEÓN, Francisco: *El libro de motetes..., op. cit.*, pp. 144-158. La versión moderna de estos motetes figura entre las páginas 298-301, 461-464, y 543-548, respectivamente.

Ejemplo 4: Inicio del *Agnus Dei II. Missa Ave Virgo Sanctissima.*
Juan Esquivel de Barahona, cc. 1-6

CRITERIOS DE TRANSCRIPCIÓN

1. Para hacer la notación musical más inteligible al intérprete actual, se han reducido los valores a la mitad y se han escrito las voces en las claves modernas utilizadas habitualmente en música vocal.

2. Se ha conservado la escritura original sin líneas divisorias para dar una idea más fidedigna de la ausencia de acentuación del compás moderno, con vistas a mantener una continuidad en el discurso musical de acuerdo con la estética de la época.

3. Los accidentales propios de la *semitonia subintellecta* se colocan fuera del pentagrama, encima de las notas correspondientes, como sugerencia de interpretación.

4. La presencia de algunas alteraciones en diferentes voces produce en ocasiones intervalos armónicos aumentados o disminuidos. Advertimos que este tipo de intervalos son relativamente frecuentes en la música de Esquivel y de algunos de sus contemporáneos españoles, como ya pusimos de manifiesto en el estudio del Libro de Motetes de 1608.

5. Se han consignado los *incipit* musicales de cada una de las voces con el objeto de que el lector pueda conocer las equivalencias de la notación original respecto de la moderna.

6. Se han señalado ligaduras *cum opposita proprietate* mediante un corchete continuo horizontal encima de las notas y fuera del pentagrama, mientras que para el ennegrecimiento de otras se ha optado por un corchete discontinuo.

7. Los cantos llanos que no figuran en el impreso de Esquivel y que hemos incluido en nuestra versión musical han sido tomados de diversas fuentes impresas de la época, y, en su caso, de otras posteriores: *Arte de canto llano. Con entonaciones comunes de Coro y Altar,*

de Francisco de Montanos, Imprenta de Francisco de Cea Tesa, Salamanca, 1610; *Directorium et processionarium ordinis fratrum minorum. Iuxta Missale et Breviarium Romanum Pii V,* Imprenta de Francisco de Cea Tesa, Salamanca, 1612, y *Graduale de Sanctis,* publicado la imprenta Medicea en Roma, en 1614.

8.   Las repeticiones del texto en nuestra edición van en cursiva. En estas se ha procurado mantener los modelos de aplicación de texto de frases similares para dar coherencia a la sección musical en cuestión.

9.   La numeración de los compases en las obras se realiza como una mera orientación y sólo se contabilizan los consignados en las secciones de polifonía.

PARTE II.
VERSIÓN MUSICAL

Missa Ave Virgo Sanctissima

Missarum Ioannis Esquivel... Liber primus
Salamanca, Artus Taberniel, 1608, ff. 6-53

Versión: Francisco Rodilla León

Juan Esquivel de Barahona
(c. 1560 - c. 1624)

1. Kyrie
V vocum

Juan Esquivel de Barahona

2. Gloria

V vocum

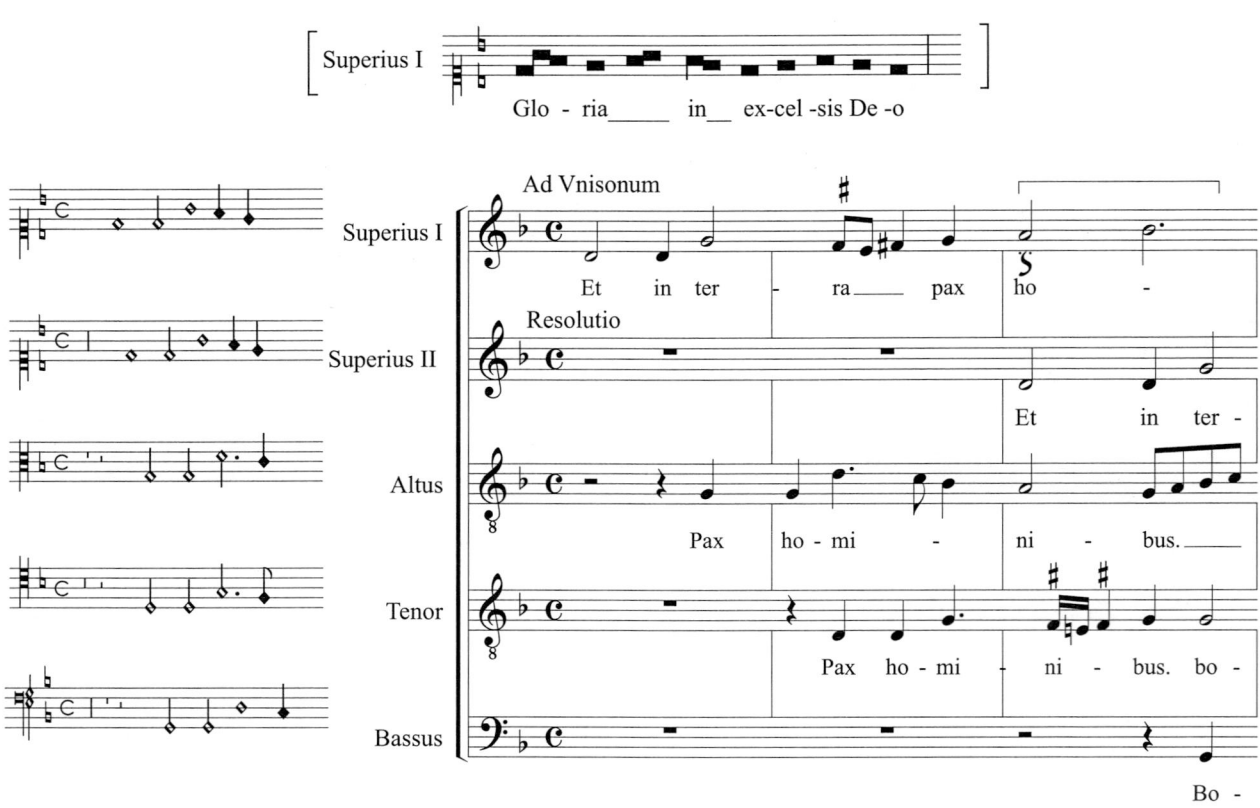

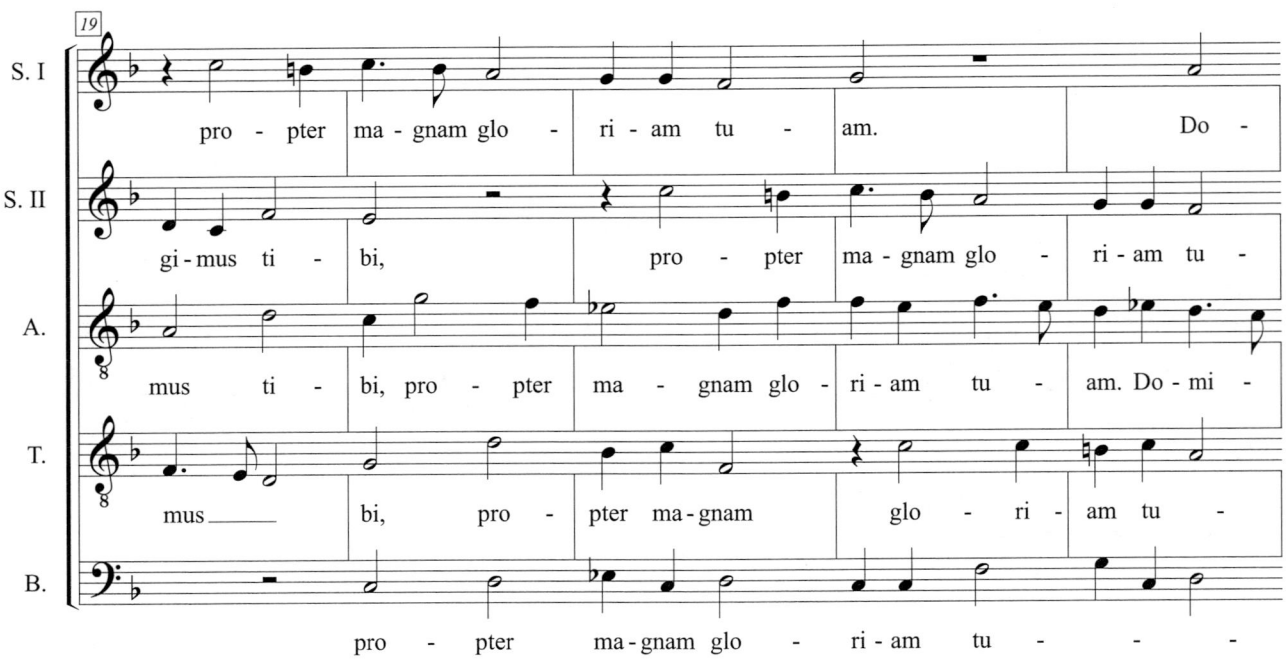

[Qui tollis]
V vocum

3. Credo
V vocum

Cre - do in u___num De____um.

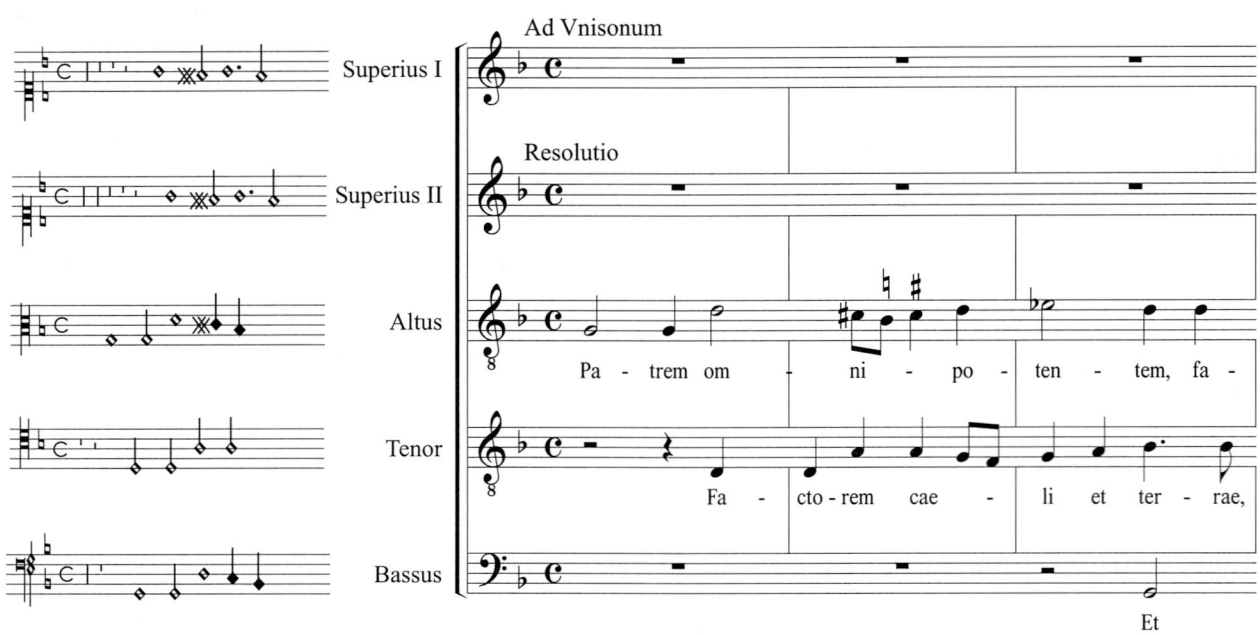

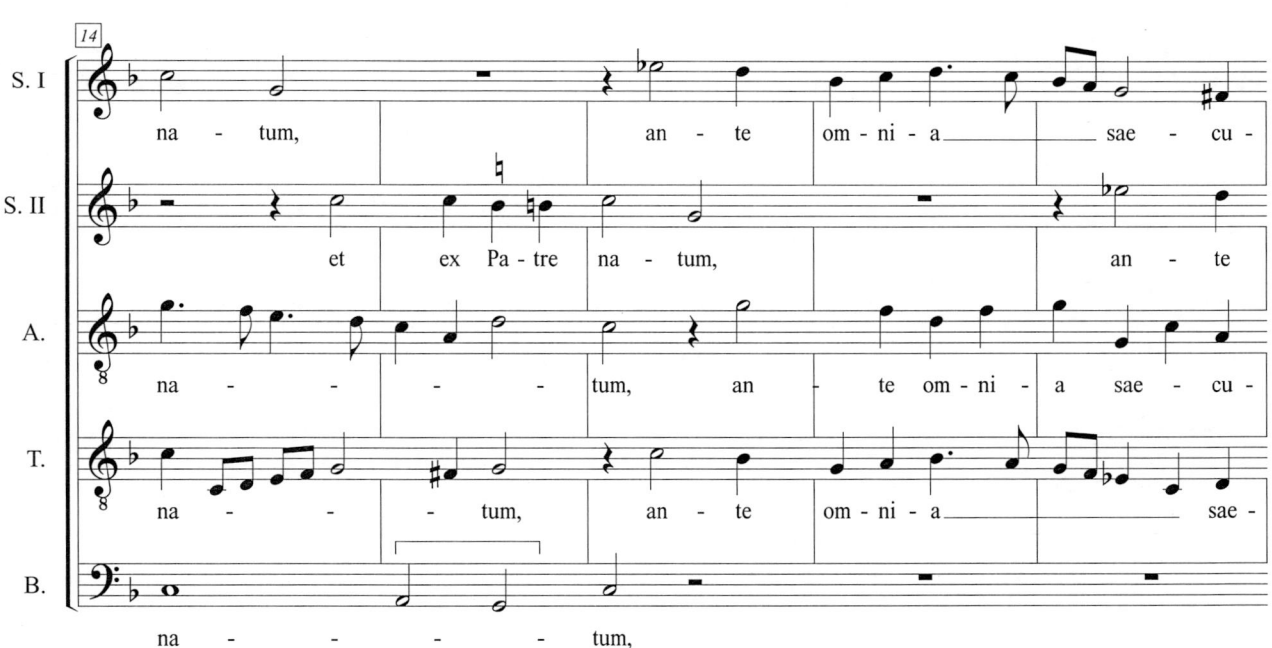

[Et incarnatus est]
V vocum

Juan Esquivel de Barahona

[Crucifixus]
III vocum

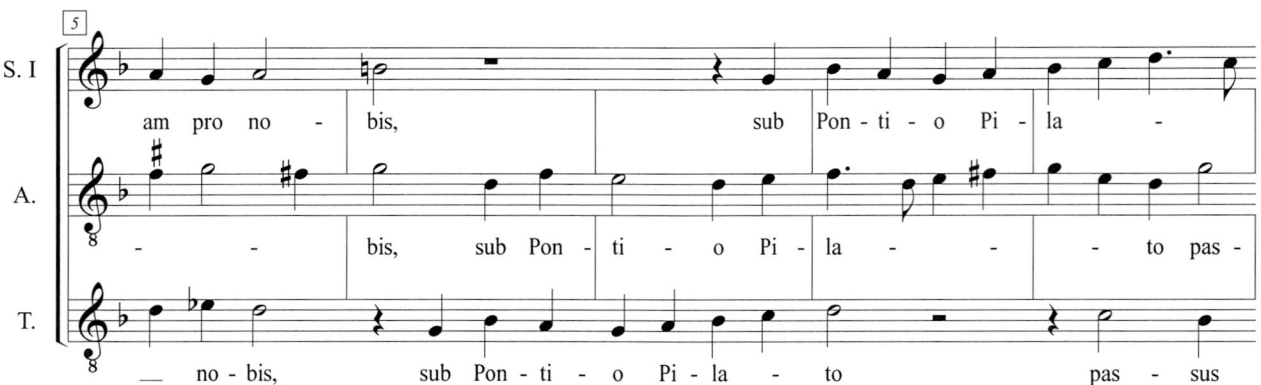

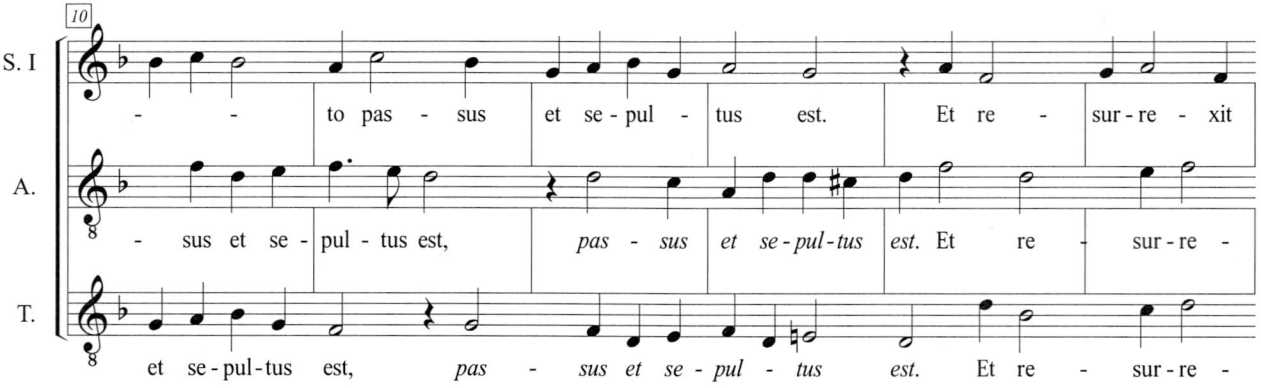

[Et in Spiritum]
V vocum

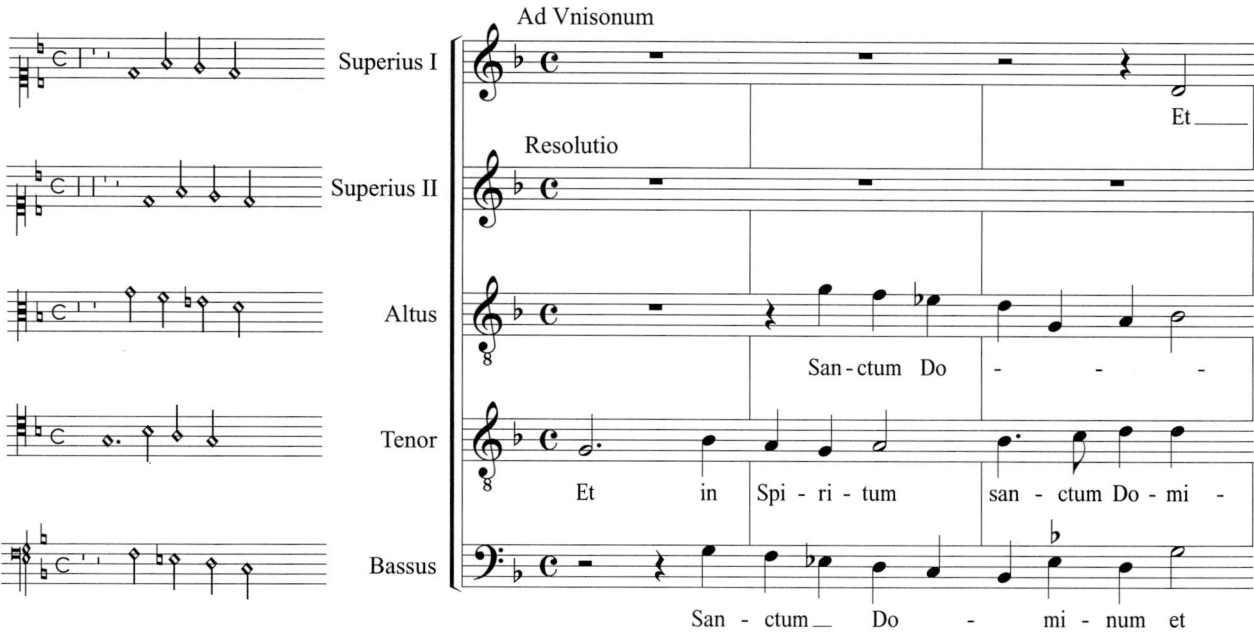

Juan Esquivel de Barahona

Juan Esquivel de Barahona

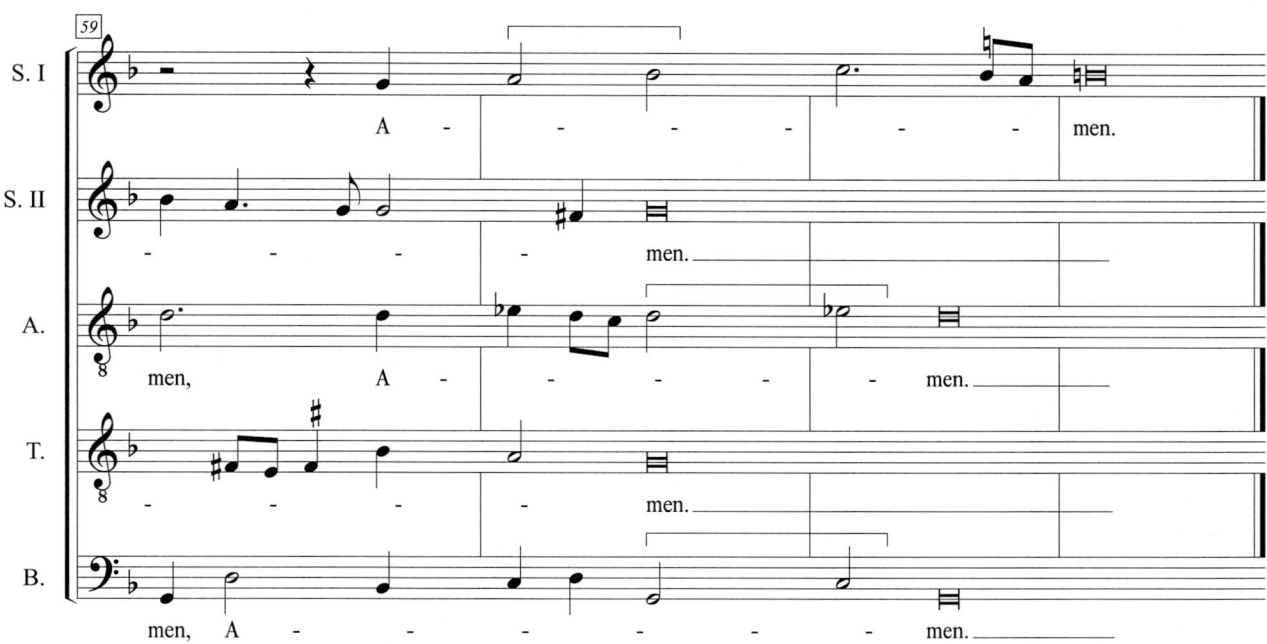

4. Sanctus
V vocum

Juan Esquivel de Barahona

[Osanna]
V vocum

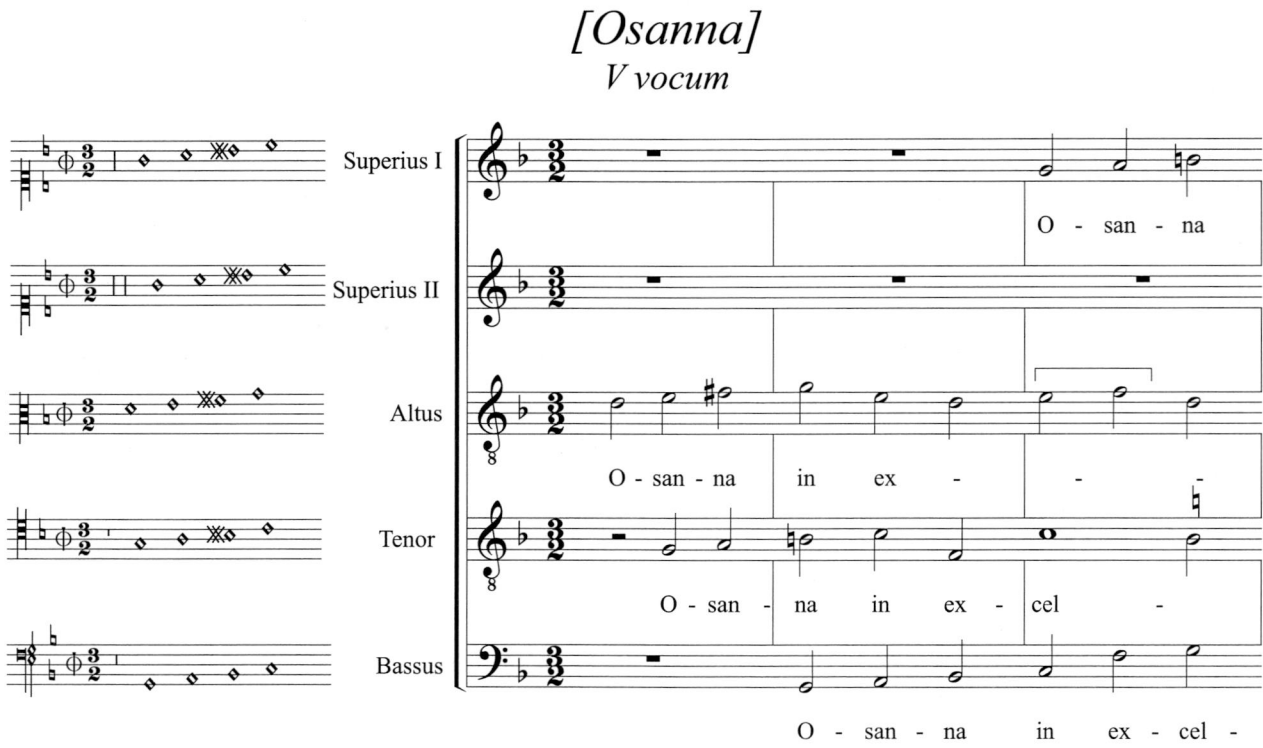

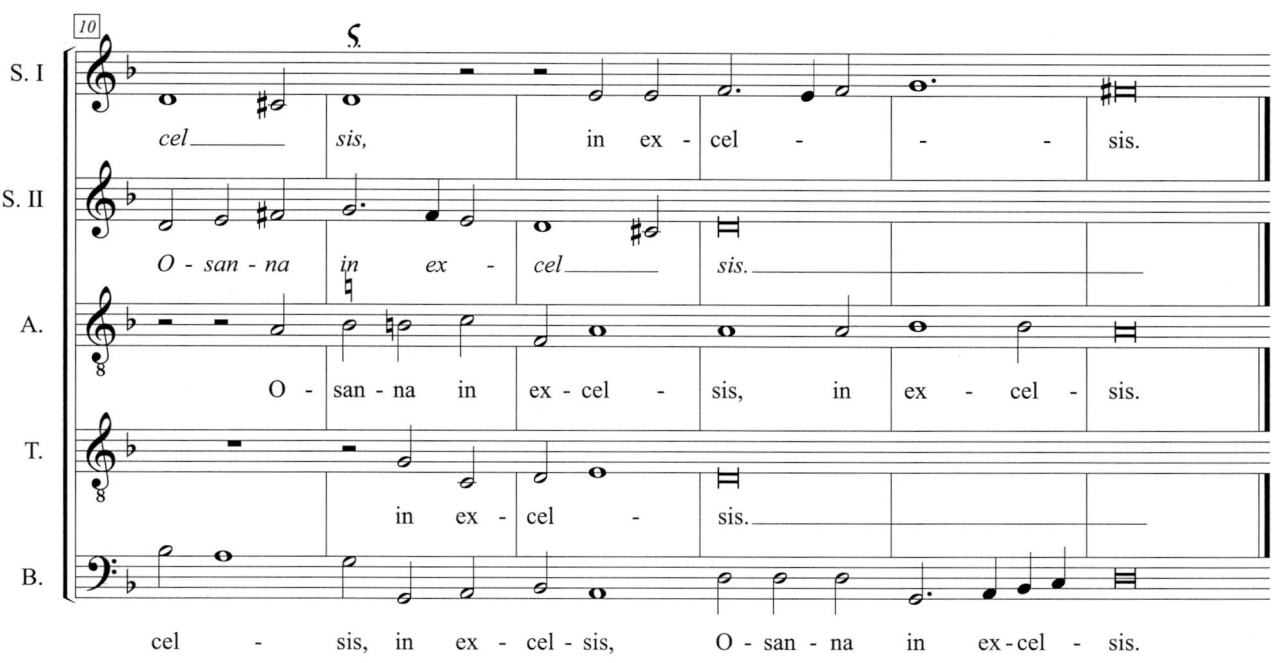

[Benedictus]
III vocum

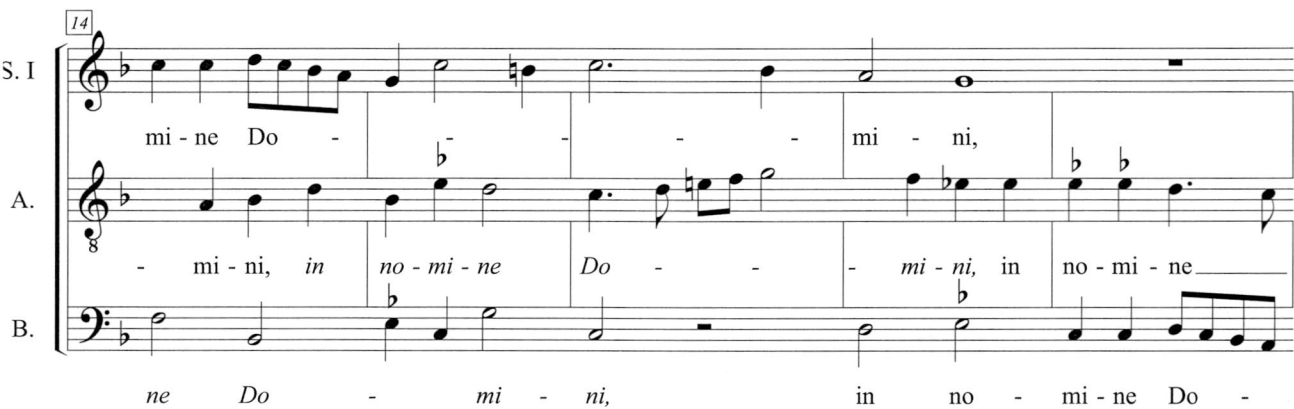

[Repetitur: *Ossana in excelsis*]

5. Agnus Dei
V vocum

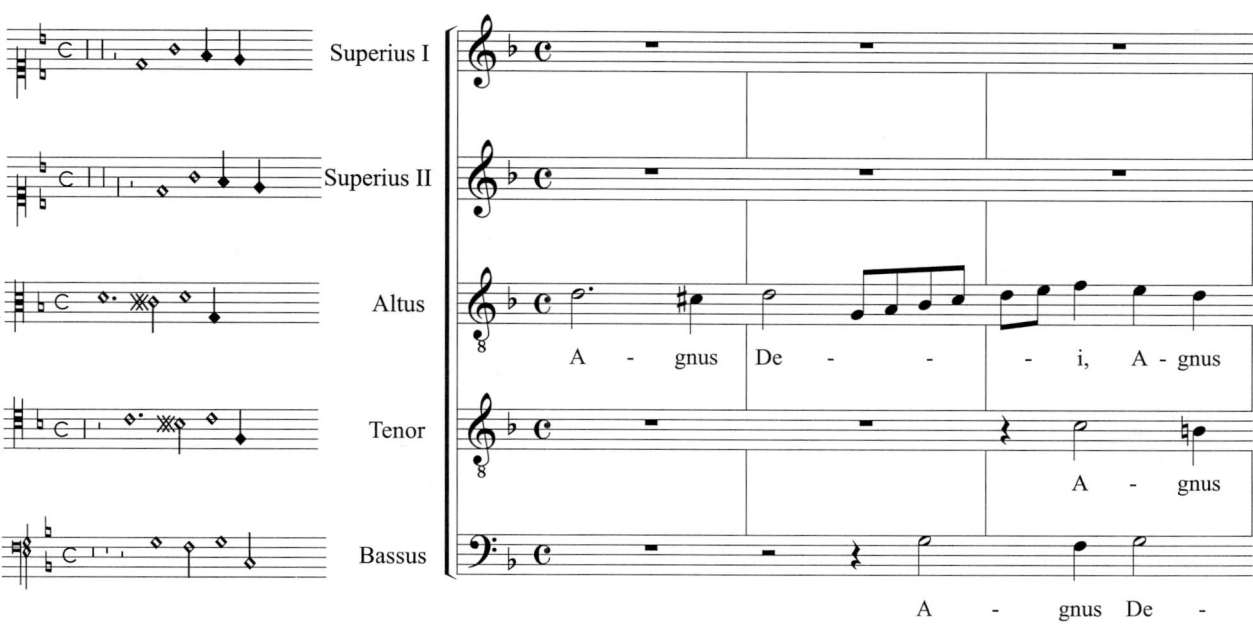

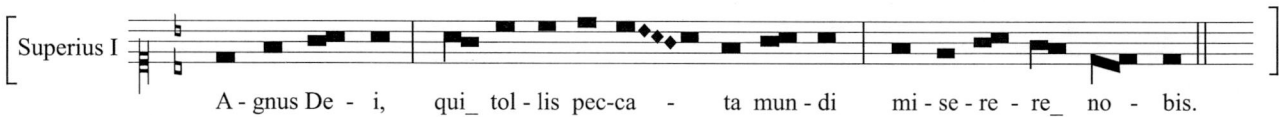

VI vocum

Juan Esquivel de Barahona

ANIVERSARIO
Dykinson Libros
1973 - 2023

MANTÉNGASE INFORMADO
DE LAS NUEVAS PUBLICACIONES

Suscríbase gratis
al boletín informativo
www.dykinson.com

Y benefíciese de nuestras ofertas semanales